SABINE KRANZ

SONNTAGS UM HALB VIER …

Papier: Munken Print Cream
Schrift: Miller und HVD Brandon

Text, Illustration, Layout und Umschlaggestaltung:
Sabine Kranz, Frankfurt am Main
Lektorat: Nele Sell, Mannheim
Druck und Bindung:
NINO Druck GmbH
Neustadt/Weinstraße

Printed in Germany
Erste Auflage 2015
978-3-942795-32-6

Unsere Adresse im Internet:
www.kunstanstifter.de

FSC www.fsc.org MIX Papier aus verantwortungsvollen Quellen FSC® C006655

ClimatePartner
klimaneutral
Druck | ID: 53203-1507-1005

SABINE KRANZ

KUNSTANST!FTER

VON BUTTERCREME UND ZUCKERGUSS

Auf dem Küchenstuhl kniend, ein buntgeblümtes Sitzkissen unter den Schienbeinen, mit dem Finger Muster in das auf dem Tisch verteilte Mehl zeichnend, aus einer Schüssel ein Stück Zwetschge oder Apfel naschend ... den Duft nach Hefe und Mandeln in der Nase, die Stimme von Oma im Ohr, die einen Schlager aus dem Radio mitträllert – vor mir ihre kräftigen Arme, die den Teig kneten. Das ist für mich eine der liebsten Kindheitserinnerungen.
Dann der Kuchen- oder Plätzchenduft aus dem Ofen und in der Zwischenzeit eine Runde „Mensch ärgere dich nicht“ mit Oma. Manchmal auch zu dritt oder viert, wenn Freundinnen oder Nachbarinnen dazukamen, die gerne zum Kaffeetrinken blieben.

In unserer Familie spielten Kuchen schon immer eine besondere Rolle und waren der wohl wichtigste Bestandteil einer jeden Feier. In größerer Runde und an hohen Festtagen waren es die Torten, an Sonntagen oder bei kleineren Anlässen die Rühr-, Hefe- und Obstkuchen. Für eine Runde von zwanzig Personen kamen oft sechs oder sieben verschiedene Kuchen auf den Tisch. Oma war sich nie sicher, ob es auch reichen würde, und hatte für den Fall der Fälle stets noch einen Marmorkuchen in Reserve. Natürlich hat es immer gereicht. So sehr gereicht, dass alle noch ein kleines Paket Kuchen mit nach Hause bekommen haben.
Für Neuzugänge in der Familie war es nicht immer leicht, der Tortenschlacht standzuhalten. Geübte hingegen wussten, dass man mit den leichten Biskuit- und Obstkuchen beginnt, um sich langsam zu Frankfurter Kranz und Bienenstich vorzuarbeiten ...

Aus handschriftlichen Rezeptheften und mündlicher Überlieferung verschiedener eigener, verschwippter oder verschwägerter Omas, Opas und Tanten habe ich dieses Backbuch zusammengestellt.

Viel Spaß in der süßen Welt der Kuchen, Torten und Plätzchen!

TORTEN

Schwarzwälder Kirsch 10
Bienenstich 12
Erzgebirgischer Bienenstich 12
Himmelstochter 14
Sachertorte 15
Donauwellen 16
Linzer Torte 17
Schneewittchenkuchen 18
Rehrücken 19
Käsekuchen 20
Quarktorte 21
Frankfurter Kranz 22
Apfelweintorte 22
Käsesahne 24
Eierlikörtorte 24

OBSTKUCHEN

Rhabarber-Baiser-Kuchen 29
Johannisbeer-Nuss-Baiser 29
Erdbeer-Biskuitboden 31
Heidelbeer-Biskuitrolle 31
Spiegeleierkuchen 33
Aprikosen-Rahm-Kuchen 33
Kirschenplotzer 34
Zwetschgenkuchen mit Streuseln 35
Apfelstrudel 36
Apfel-Gitterkuchen 37
Apple Pie 38
Tarte Tatin 38
Obstkuchen 39
Birnen-Mohn-Kuchen 40

Für alle Backrezepte gilt: Die Form oder das Blech immer gut einfetten oder mit Backpapier auslegen und den Backofen auf die gewünschte Temperatur vorheizen.

INHALT

RÜHR- UND HEFEKUCHEN

Marmorkuchen 44
Kalter Hund 45
Tiroler Nusskuchen 46
Haselnusskranz 46
Nüsslikuchen 47
Osterbrot 49
Rüblikuchen 49
Joghurtkuchen 50
Zitronenblechkuchen 51
Hefe-Mohn-Strudel 53
Mohnstollen 53
Eierlikörkuchen 54
Rotweinkuchen 54
Reine de Saba 57
Königskuchen 58
Streuselkuchen 60
Russischer Zupfkuchen 61

WEIHNACHTSGEBÄCK

Butterplätzchen 64
Spritzgebäck 64
Keks 65
Hildaplätzchen 66
Heleneschnitten 67
Kraftschnitten 68
Zitronenschnitten 68
Sterntaler 70
Baseler Herzen 71
Christstollen 72
Anisplätzchen 72
Mandelbrot 74
Engadiner Plätzchen 74
Walnuss-Schnitten 74
Nusshäufchen 75
Vanillekipferl 77
Zimtsterne 77

Bei Knetteig ist zu beachten: Zuerst das Mehl mit dem Backpulver mischen und auf die Arbeitsplatte sieben. In die Mitte eine Vertiefung drücken. In Stücke geschnittene Butter, Eier und Zucker in die Kuhle geben. Alles gut verkneten.

Bei Rührkuchen zuerst Eier, Zucker und Butter verquirlen, dann erst das Mehl hinzugeben. Die Butter sollte zimmerwarm sein. Vanillezucker kann durch das Mark einer Vanilleschote ersetzt werden. Eischnee immer vorsichtig mit dem Schneebesen unterheben, nicht verrühren.

TOR
REHRÜCKEN
BIENENSTIC
SCHWARZWÄLDER KIRSCH
DONAUWELLEN
SCHNEEWITTCHENT
FRANKFURTER KRANZ

LINZER TORTE
KÄSEKUCHEN
TEN

SCHWARZWÄLDER KIRSCH

von Ilse Oma

TEIG:

150 g Butter
6 Eigelb
150 g Zucker
150 g geriebene Blockschokolade
120 g gemahlene Haselnüsse
75 g Mehl
75 g Speisestärke
3 gestrichene TL Backpulver
6 Eiweiß

FÜLLUNG:

750 ml roter Tortenguss
1 Glas Sauerkirschen
750 ml Sahne
1 ½ Päckchen Vanillezucker
Raspelschokolade

Die Butter mit dem Eigelb schaumig rühren, mit 100 g Zucker, der Schokolade, den Nüssen, dem Mehl, der Stärke und dem Backpulver verquirlen. Das Eiweiß mit 50 g Zucker steif schlagen und unterheben. Den Teig in einer Form (26 cm Ø) bei 175 °C etwa 40 bis 50 Minuten backen und auskühlen lassen. Den Tortenguss mit dem Kirschsaft aufkochen. Zunächst 16 Kirschen für die Verzierung zur Seite legen, dann die restlichen Kirschen der heißen Kirschsaft-Mischung hinzufügen und das Ganze abkühlen lassen. Die Sahne mit dem Vanillezucker steif schlagen.

Den Tortenboden zwei Mal waagerecht mit einem Faden oder einem scharfen Messer durchschneiden. Wenn keine Kinder mitessen, die Teigböden mit etwas Kirschwasser beträufeln. Das untere Drittel mit einer dünnen Schicht Sahne bestreichen und die Kirschen darauf verteilen. Das mittlere Drittel daraufsetzen und reichlich Sahne darauf verteilen. Den oberen Boden daraufsetzen. Die ganze Torte rundherum mit Sahne bestreichen. Einen Rest Sahne in eine Spritztülle füllen. Die Torte mit Raspelschokolade verzieren. 16 Sahneröschen gleichmäßig daraufsprühen und je eine Kirsche daraufsetzen.

BIENENSTICH von Ilse Oma

TEIG:
150 g Butter
150 g Zucker
2 kleine Eier
350 g Mehl
3 TL Backpulver
3 EL Milch
1 Prise Salz

BELAG:
100 g Butter
100 g Zucker
50 g gemahlene Mandeln
½ Päckchen Vanillezucker
2 EL Milch

CREME:
375 ml Milch
1 Päckchen Vanillepuddingpulver
Mark einer Vanilleschote
100 g Puderzucker
125 g Butter
40 g Kokosfett

Butter und Zucker verquirlen, dann alle anderen Zutaten hinzugeben und verrühren. Den Teig in eine Springform (26 cm Ø) füllen.
Für den Belag die Butter zerlassen und mit dem Zucker verrühren. Mandeln, Vanillezucker und Milch dazugeben und erhitzen, anschließend abkühlen lassen und oben auf den Teig streichen. Bei 175 °C 30 bis 45 Minuten backen.
Für die Creme 375 ml Milch aufkochen lassen und das Vanillepuddingpulver, das Vanillemark und den Puderzucker hineinrühren. Anschließend auf Zimmertemperatur abkühlen lassen. Währenddessen immer wieder rühren, damit sich keine Haut bildet. Die Butter und das zerlassene, abgekühlte Kokosfett unter den Pudding rühren. Wichtig: Pudding und Fett müssen die gleiche Temperatur haben!
Den Kuchen im oberen Drittel waagerecht durchteilen. Mit der Creme füllen und anschließend den Deckel vorsichtig wieder daraufsetzen.
Mit Puderzucker bestäuben.

ERZGEBIRGISCHER BIENENSTICH

von Oma Sindemann

HEFETEIG:
350 g Mehl
50 g Zucker
1 Prise Salz
150 ml Milch
50 g Butter
25 g Hefe
1 Ei

BELAG:
250 g Margarine
250 g Zucker
250 g abgezogene und geriebene Mandeln
etwas Milch

Den Hefeteig zubereiten (ausreichend für eine Springform von 26 cm Ø, Beschreibung siehe Seite 53 (Hefe-Mohn-Strudel)).
Für den Belag die Margarine bei mittlerer Hitze in einem Topf zerlassen. Den Zucker einrühren und so lange köcheln lassen, bis eine sämige Masse entstanden ist. Unter ständigem Rühren die Mandeln dazugeben. (Achtung, nicht anbrennen lassen!)
Zum Schluss noch eine Tasse Milch unterrühren, danach abkühlen lassen, bis die Masse lauwarm ist. Eine Springform (26 cm Ø) einfetten, den Hefeteig ausrollen und in die Form geben. Den Belag lauwarm auf den Teig streichen, daumendick oder stärker, je nach Geschmack.
Bei 200 °C auf der zweiten Schiene von unten ca. 20 Minuten backen.

HIMMELSTOCHTER von Opa Mathias

TEIG:
150 g Butter
150 g Zucker
1 Päckchen Vanillezucker
5 Eigelb
190 g Mehl
½ Päckchen Backpulver

BELAG:
5 Eiweiß
1 Päckchen Vanillezucker
100 g Zucker
100 g Mandelblätter

FÜLLUNG:
400 ml Sahne
1 Päckchen Vanillezucker
ggf. 2 Päckchen Sahnesteif
etwa 300 g gefrorene oder frische Himbeeren

Die Eier trennen. Die Butter mit dem Zucker und dem Vanillezucker schaumig rühren, nach und nach das Eigelb dazugeben. Das mit dem Backpulver vermischte Mehl auf die Schaummasse sieben und unterrühren. Den Teig auf zwei mit Backpapier ausgelegte Springformen (26 cm Ø) verteilen.
Für den Belag das Eiweiß sehr steif schlagen und den Zucker einrieseln lassen. Den Eischnee gerecht auf beiden Böden verteilen und darauf jeweils die Hälfte der Mandelblättchen streuen. Beide Böden im vorgeheizten Backofen bei 180 °C 30 Minuten backen. Anschließend auskühlen lassen.
Für die Füllung die Sahne mit dem Vanillezucker (und nach Bedarf mit Sahnesteif) steif schlagen. Die Himbeeren unterheben und die Mischung auf einem der Böden verteilen. Den anderen Boden darauflegen.

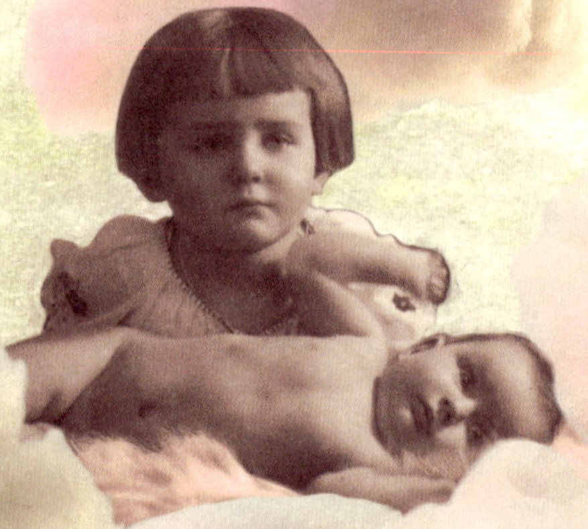

SACHERTORTE *von Oma Julchen*

TEIG:

150 g Schokolade, 70 % Kakaoanteil
150 g Butter
120 g Puderzucker
Mark einer Vanilleschote
6 Eier
100 g Mehl
150 g gemahlene Mandeln
1 Prise Backpulver
1 Prise Salz

FÜLLUNG UND GLASUR:

1 Glas Aprikosenmarmelade
150 g Zucker
150 g dunkle Kuvertüre

Die Schokolade im Wasserbad zum Schmelzen bringen. Die Butter mit der Hälfte des Puderzuckers und dem Vanillemark verrühren. Die Eier trennen. Die Eigelbe unter die Buttercreme rühren, anschließend die geschmolzene Schokolade untermischen. Das Eiweiß mit dem übrigen Puderzucker steif schlagen. Einen Teil davon zusammen mit dem Mehl und dem Salz unter die Schokocreme rühren, das übrige Eiweiß und die Mandeln unter den Teig heben. Den Teig in eine mit Backpapier ausgelegte Springform (24 cm Ø) füllen, bei 180 °C 40 bis 50 Minuten backen und anschließend auskühlen lassen. Den Kuchen waagerecht durchschneiden.
Für die Füllung die Marmelade durch ein Sieb streichen und die Hälfte auf dem unteren Boden verteilen. Den oberen Boden daraufsetzen. Die restliche Marmelade erhitzen und über die Oberfläche und den Rand des Teigs laufen lassen. Für die Glasur den Zucker in 80 ml Wasser aufkochen lassen. Die Kuvertüre im Wasserbad zum Schmelzen bringen und in den Zuckersirup einrühren. Die Torte mit der Glasur überziehen.

TEIG:
300 g Butter
200 g Zucker
1 Päckchen Vanillezucker
5 Eier
300 g Mehl
½ Päckchen Backpulver
3 EL Kakao
ggf. etwas Milch
2 Gläser Sauerkirschen

CREME:
2 Päckchen Vanillepuddingpulver
200 g Butter
Schokoladenglasur

DONAUWELLEN *von Susi Oma*

Aus Butter, Zucker, Vanillezucker, Eiern, Mehl und Backpulver einen Rührteig zubereiten. Den Teig teilen und die Hälfte davon auf ein gefettetes Backblech streichen. Den Rest mit 3 EL Kakao verrühren. Jetzt den dunklen Teig auf den hellen streichen. Wenn er etwas zu zäh sein sollte, ein paar Esslöffel Milch unterrühren. Die abgetropften Sauerkirschen gleichmäßig auf dem Teig verteilen. Bei 175 °C ca. 20 bis 30 Minuten backen und anschließend abkühlen lassen.
Für die Buttercreme den Vanillepudding nach Anweisung zubereiten und unter Rühren abkühlen lassen. Die zimmerwarme Butter unterrühren. Wenn die Buttercreme erkaltet ist, auf den Kuchen streichen.
Mit Schokoladenglasur überziehen.

TEIG:
250 g Butter
200 g Zucker
250 g Mehl
250 g gemahlene Haselnüsse
1 Ei
5 bis 6 EL Kirschwasser
2 EL Kakao
1 TL Zimt
1 Messerspitze Nelkenpulver

FÜLLUNG:
etwa 200 g Pflaumenmus
Puderzucker

LINZER TORTE *von Tante Karin*

Für den Teig zunächst die Butter und den Zucker und dann alle weiteren Zutaten nach und nach verquirlen. Die Masse in eine gefettete Form (28 cm Ø) füllen, aber etwas davon für ein Gitternetz übrig lassen. Das Pflaumenmus auf dem Teig verteilen.

Mit einer Spritztülle ein Gitter spritzen oder lange Rollen formen und gitterförmig darauflegen.

Bei 200 °C ca. 30 Minuten backen. Mit Puderzucker bestäuben. Die Torte kann sofort nach dem Abkühlen genossen werden, zieht aber auch noch saftig durch über Nacht.

immer an der Donau lang

von Ulla Oma

SCHNEEWITTCHENKUCHEN

TEIG:
3 Eier
125 g Zucker
125 g gemahlene Haselnüsse
125 g geraspelte Schokolade
3 EL Mehl
1 TL Backpulver

BELAG:
1 Pfund Magerquark
2 bis 3 EL Zucker
Mark einer Vanilleschote
250 ml Sahne
1 Päckchen Sahnesteif
2 Gläser Sauerkirschen
roter Tortenguss

Eier, Zucker, Nüsse, Schokolade, Mehl und Backpulver zu einem glatten Teig verrühren und in eine gefettete Springform (26 cm Ø) füllen. Bei 175 °C etwa 30 Minuten backen und anschließend abkühlen lassen.
Für den Belag den Quark mit dem Zucker und dem Vanillemark vermengen. Die Sahne mit einem Päckchen Sahnesteif schlagen und unter den Quark heben. Die abgetropften Sauerkirschen (Kirschsaft aufheben) auf dem Tortenboden (noch in der Form) verteilen, dann die Sahne-Quark-Masse darüberstreichen. Den roten Tortenguss mit dem Kirschsaft aufkochen lassen und auf dem Kuchen verteilen. Fest werden lassen, dann aus der Springform nehmen.

REHRÜCKEN von Erna Oma

TEIG:
125 g Butter
125 g Zucker
2 Eier
250 g Mehl
1 kleine Tasse starker Kaffee
125 g gemahlene Mandeln
1 Prise Muskat
1 Prise Zimt
½ Päckchen Backpulver

FÜLLUNG:
125 g Schokolade
100 g Butter
100 g Puderzucker
1 Päckchen Vanillezucker
1 Ei
Kuvertüre
Mandelstifte

Aus allen Zutaten einen Rührteig zubereiten. In eine Rehrückenform (oder eine Kastenform) füllen und bei 180 °C 30 bis 40 Minuten backen. Anschließend auskühlen lassen.
Für die Füllung die Schokolade raspeln. Die zimmerwarme Butter mit dem Zucker und dem Ei verquirlen, dann die Schokolade zugeben.
Den Kuchen waagerecht der Länge nach durchschneiden. Die Füllung auf die untere Hälfte streichen und den Deckel daraufsetzen. Den ganzen Kuchen mit Schokoladenguss bepinseln. Mit den Mandelstiften spicken.

KÄSEKUCHEN *von Erna Oma*

TEIG:
150 g Mehl
70 g Butter
70 g Zucker
1 Ei
1 gestrichener TL Backpulver

BELAG:
1 ½ Pfund Quark oder Schichtkäse
6 Eier
6 EL Zucker
1 Päckchen Vanillezucker
3 EL Speisestärke
250 ml Sahne

Aus Mehl, Butter, Zucker, Ei und Backpulver einen Knetteig zubereiten und kühl stellen.
Für den Belag die Eier trennen. Das Eigelb mit dem Quark, dem Zucker und der Speisestärke vermengen. Die Sahne steif schlagen und unterheben. Das Eiweiß zu Schnee schlagen und ebenfalls unter die Masse heben.
Mit dem Knetteig eine Springform (24 cm Ø) auskleiden. Die Quarkmasse darübergeben. Bei 175 °C etwa eine Stunde backen. Noch warm aus der Form stürzen und auf einem Gitter abkühlen lassen.

QUARKTORTE *von Oma Brigitte*

TEIG:
200 g Mehl
1 gestrichener TL Backpulver
130 g Butter
65 g Zucker
1 Ei
abgeriebene Schale einer Zitrone

BELAG:
75 g Butter
200 g Zucker
3 Eier
2 Pfund Quark
⅛ bis ¼ l Milch
1 Päckchen Vanillepuddingpulver
1 Schuss Rum

Das Mehl, das Backpulver, die handwarme und in Flocken zerteilte Butter, den Zucker, das Ei und den Zitronenabrieb in eine große Schüssel geben. Mit dem Knethaken zu einem geschmeidigen Mürbeteig verarbeiten. Aus der Schüssel herausnehmen und 20 Minuten ruhen lassen.

Inzwischen für den Belag in der Schüssel die handwarme Butter, den Zucker und die Eier mit dem Schneebesen schaumig schlagen, abwechselnd Quark und die mit dem Puddingpulver vermischte Milch sowie den Rum hinzugeben. Die Masse cremig schlagen.

Eine Springform (26 cm Ø) mit dem Mürbeteig auslegen und die Quarkmasse darauf geben, die Oberfläche glattstreichen. Bei 180 °C etwa 60 Minuten backen.

Abwandlung: Man kann auch säuerliche Apfelscheiben oder Sauerkirschen unter die Quarkmasse legen.

FRANKFURTER KRANZ *von Ilse Oma*

TEIG:
200 g Butter
300 g Zucker
6 Eier
300 g Mehl
100 g Speisestärke
2 TL Backpulver
abgeriebene Zitronenschale
8 EL Milch

CREME:
2 Päckchen Vanillepuddingpulver
1 l Milch
300 g Zucker
175 g Butter
50 g zerlassenes Kokosfett
Johannisbeer- oder Kirschmarmelade
Mandelblättchen
kandierte Kirschen

Alle Zutaten für den Teig nacheinander verrühren und in eine Kranzform füllen. Bei 175 °C ca. 50 Minuten backen.
Für die Buttercreme den Pudding mit der Milch und dem Zucker aufkochen, dann unter Rühren abkühlen lassen, damit sich keine Haut bildet. Die Butter und das zerlassene Kokosfett schaumig schlagen und unter den Pudding rühren. Wichtig: Pudding und Fettmasse müssen die gleiche Temperatur haben! Den ausgekühlten Kuchen zwei Mal waagerecht durchschneiden. Den unteren Ring zuerst mit einer dünnen Schicht Johannisbeer- oder Kirschmarmelade, dann mit einer Schicht Buttercreme bestreichen. Den nächsten Ring darauflegen und ebenso verfahren.
Den ganzen Kuchen rundherum mit Creme bestreichen. Die Mandelblättchen in einer Pfanne anrösten und den Kuchen rundum damit bekleben. Zuletzt mit einer Spritztülle Cremetupfer auf den Kuchen setzen und kandierte Kirschen darauf verteilen.

APFELWEINTORTE *von Oma Gudrun*

TEIG:
125 g Butter
125 g Zucker
250 g Mehl
1 Ei
½ Päckchen Backpulver
1 Päckchen Vanillezucker
1 Prise Salz

BELAG:
1 kg Äpfel (geschält gewogen)
2 Päckchen Vanillepuddingpulver
200 g Zucker
¾ l Apfelwein
250 ml Sahne
Zimt

Die Zutaten für den Teig miteinander verkneten. Eine gefettete, mit Semmelbröseln versehene Springform (26 cm Ø) damit auslegen und einen etwa 4 cm hohen Rand formen.
Für den Belag die Äpfel entkernen und grob raspeln. Auf den Teig geben. Den Apfelwein aufkochen und das Puddingpulver und den Zucker hineinrühren. Über die Äpfel gießen. Bei 175 °C etwa eine Stunde backen.
Über Nacht erkalten lassen. Die Sahne steif schlagen und auf der Torte glattstreichen. Mit Zimt bestreuen.

Frankfurter-Kranz
375 Mehl

KÄSESAHNE *von Tante Gerlinde*

TEIG:

3 Eier
3 Eischwer Butter
3 Eischwer Zucker
3 Eischwer Mehl
¾ Teelöffel Backpulver

FÜLLUNG:

500 g Quark
1 EL Zucker
1 Päckchen Vanillezucker
100 ml Schlagsahne
3 Päckchen Sahnesteif
(oder 3 EL Speisestärke mit
1 EL Puderzucker vermischt)
1 Dose Mandarinen, abgetropft
Puderzucker

Die Eier zunächst mit Schale abwiegen, dann aufschlagen und in eine Rührschüssel geben. Von gleichem Gewicht Butter, Zucker und Mehl mit Backpulver dazugeben und zu einem glatten Teig verrühren. Den Teig auf zwei gefettete oder mit Backpapier ausgelegte Springformen gleicher Größe streichen. Zusammen oder nacheinander, je nach Ofen, bei 180 °C goldbraun backen. Auskühlen lassen. Einen der Böden mit einem Tortenring auf eine Platte legen. Den zweiten Boden für den Deckel in 16 gleichgroße Tortenstücke schneiden und zur Seite legen.

Für die Füllung den Quark mit dem Zucker und dem Vanillezucker glattrühren. Die Sahne mit Sahnesteif (oder mit der Speisestärke) steif schlagen. Unter die Quarkmasse rühren.

Den Tortenboden mit Mandarinen belegen. Die Creme daraufgeben und gleichmäßig verteilen. Die Deckelstücke auflegen, andrücken und mit Puderzucker bestäuben. Anschließend den Tortenring abnehmen. Zum Glattstreichen und Schneiden das Messer in heißes Wasser tauchen.

Für alle Torten und Kuchen mit Sahnesteif oder Gelatine gilt: Wenn die Kuchen am selben Tag gegessen werden, kann man das Bindemittel weglassen.

EIERLIKÖRTORTE *von Tante Gerlinde*

TEIG:

80 g Butter
80 g Zucker
1 Päckchen Vanillezucker
6 Eigelb
200 g gemahlene Haselnüsse oder Mandeln
1 TL Backpulver
100 g geriebene Zartbitterschokolade
1 EL Rum
1 EL Weinbrand
6 Eiweiß

BELAG:

400 ml Sahne
2 Päckchen Sahnesteif
1 Päckchen Vanillezucker
etwa 100 ml Eierlikör
Raspelschokolade

Zunächst die zimmerwarme Butter und den Zucker, dann – bis auf das Eiweiß – alle Zutaten zu einem glatten Teig verrühren. Das Eiweiß steif schlagen und vorsichtig unterheben. In einer mit Backpapier ausgelegten Springform (26 cm Ø) bei 175 °C etwa 30 bis 40 Minuten backen.

Für den Belag die Sahne mit dem Sahnesteif und dem Vanillezucker steif schlagen. Den Tortenboden und dessen Rand gleichmäßig mit Sahne bestreichen. Den Rest der Sahne in einen Spritzbeutel füllen und einen dichten Sahnerand auf den Tortenboden spritzen. Den Eierlikör auf die Torte fließen lassen, den seitlichen Rand mit Schokoraspeln verzieren.

OBST
KUCHEN

Frühling!

von Ilse Oma

RHABARBER-BAISER-KUCHEN

TEIG:
200 g Mehl
75 g Zucker
100 g Butter
1 Ei
1 TL Backpulver
1 Päckchen Vanillezucker

BELAG:
500 g Rhabarber (geschält gewogen)
100 g Zucker
1 Päckchen Vanillepuddingpulver
3 Eiweiß
150 g Puderzucker

Zunächst den Rhabarber schälen und in Stücke scheiden, mit 100 g Zucker einzuckern und ca. 60 Minuten stehen lassen, bis er Saft zieht.
In der Zwischenzeit aus dem Mehl, dem Zucker, der Butter, dem Ei, dem Backpulver und dem Vanillezucker einen Mürbteig herstellen. Den Mürbteig in eine Springform drücken und einen Rand hochziehen. Anschließend kalt stellen.
Für den Belag 300 ml des Rhabarbersaftes (wenn der Saft nicht reicht, mit Wasser auffüllen) mit 1 Päckchen Vanillepudding aufkochen und unter den Rhabarber mischen. Die Masse auf den Mürbteig geben. Bei 180 °C 45 Minuten backen. 3 Eiweiß und den Puderzucker zu einem steifen Schnee schlagen und die letzten 10 Minuten mitbacken.

Schmeckt auch lecker mit Mirabellen – dafür etwas weniger Zucker nehmen.

von Ilse Oma

JOHANNISBEER-NUSS-BAISER

TEIG:
300 g Mehl
½ Päckchen Backpulver
1 Prise Salz
125 g Puderzucker
1 Päckchen Vanillezucker
2 Eigelb
2 EL Milch
125 g Butter

BELAG:
500 g Johannisbeeren
4 EL Grieß
3 EL Zucker
2 Eiweiß
2 EL Puderzucker
100 g Haselnüsse, gemahlen

Für den Teig das Mehl, das Backpulver, das Salz und den Zucker vermischen, dann das Eigelb, die Milch und die Butter zugeben und das Ganze zu einem glatten Teig verkneten. Danach für 30 Minuten in den Kühlschrank stellen. Den Teig anschließend in eine gefettete Springform (26 cm Ø) drücken und mit 2 EL Grieß bestreuen. 500 g gut abgetropfte Johannisbeeren auf den Teig geben, mit weiteren 2 EL Grieß und 3 EL Zucker bestreuen und etwas durchschütteln.
Das Eiweiß mit 2 EL Puderzucker zu Schnee schlagen, die gemahlenen Haselnüsse unterheben. Die Eiweiß-Nuss-Masse auf die Johannisbeeren geben. Bei ca. 200 °C ca. 35 Minuten backen.

von Erna Oma

ERDBEER-BISKUITBODEN

„Böremsche" sagte Oma dazu

TEIG:

5 Eier
3 EL heißes Wasser
130 g Zucker
1 Päckchen Vanillezucker
80 g Mehl
45 g Speisestärke
½ Päckchen Backpulver

BELAG:

500 g Erdbeeren
1 Päckchen roter Tortenguss

Die Eier trennen. Das Eiweiß mit etwas Zucker steif schlagen. Das Eigelb mit dem heißen Wasser schaumig rühren, dann Zucker und Vanillezucker zugeben und cremig verquirlen. Das Eiweiß mit einem Backlöffel vorsichtig unterheben. Das Mehl mit der Speisestärke und dem Backpulver mischen, darübersieben und vorsichtig unterheben.
Die Masse in eine Springform (24 cm Ø) füllen. Bei 175 °C auf mittlerer Schiene etwa 15 Minuten backen.
Den Boden kann man einmal waagerecht durchschneiden. Die Böden mit Erdbeeren dicht belegen. Mit rotem Tortenguss übergießen.
Oder: Einen Vanillepudding kochen, den Boden damit bestreichen und mit Erdbeeren belegen.

von Erna Oma

HEIDELBEER-BISKUITROLLE

TEIG:

3 Eier
70 g Zucker
40 g Mehl
40 g Speisestärke
1 TL Backpulver
etwas Puderzucker zum Einrollen

FÜLLUNG:

200 g Heidelbeeren, tiefgekühlt oder frisch
1 TL Speisestärke
100 ml Sahne
1 Sahnesteif
300 g Quark
50 g Zucker
1 Päckchen Vanillezucker
etwas Puderzucker

Für den Biskuitteig die Eier trennen und das Eiweiß steif schlagen. Den Zucker unter ständigem Rühren einrieseln lassen. Das Eigelb hinzugeben und verrühren. Das Mehl, die Stärke und das Backpulver mischen und über die Eimasse sieben. Vorsichtig unterheben, damit der Teig möglichst luftig wird. Die Masse auf ein ca. 30 x 40 cm großes Backblech mit Backpapier streichen und bei 175 °C 10 Minuten backen. Ein Geschirrtuch flach ausbreiten und mit ein paar Esslöffeln Puderzucker bestreuen. Den Teig direkt nach dem Backen darauf stürzen, das Backpapier abziehen, und den Teig von der langen Seite her einrollen. So ausgekühlt zerbricht die Rolle später nicht.
Für die Füllung die Heidelbeeren mit der Speisestärke kurz etwas erhitzen. Die Sahne mit Sahnesteif schlagen. Quark und Zucker untermischen. Den Biskuitteig entrollen und die Quarkmasse auf dem Boden verstreichen. Anschließend die Beeren darauf verteilen. Den Biskuitteig wieder einrollen und mindestens eine Stunde kalt stellen. Vor dem Servieren mit Puderzucker bestäuben.
Schmeckt auch lecker mit Himbeeren, Stachelbeeren oder Johannisbeeren! Je nachdem, wie sauer die Früchte sind, die Zuckermenge variieren ...

SPIEGELEIERKUCHEN von Ulla Oma

TEIG:

200 g Zucker
200 g Butter
200 g Mehl
4 Eier
2 TL Backpulver

BELAG:

1 bis 2 Päckchen Vanillepuddingpulver
½ bis 1 Liter Milch
400 g Schmand
2 Dosen Aprikosenhälften
2 Päckchen klarer Tortenguss

Aus den Zutaten einen Rührteig zubereiten und diesen auf ein gefettetes Backblech streichen. Bei 180 °C etwa 20 Minuten backen.

Für den Belag den Pudding nach Anweisung kochen und unter Rühren etwas abkühlen lassen. Den Schmand untermischen. Die Masse auf den Kuchenteig streichen. Die abgetropften Aprikosenhälften (den Saft aufheben) auf dem Kuchen verteilen. Noch einmal 10 Minuten backen und anschließend abkühlen lassen.

Mit dem Aprikosensaft den Tortenguss anrühren und auf dem Kuchen verteilen.

APRIKOSEN-RAHM-KUCHEN

von Susi Oma

TEIG:

300 g Mehl
150 g Butter
1 Ei
130 g Puderzucker
½ gestrichener TL Backpulver
1 Prise Salz

BELAG:

500 g Aprikosen, entsteint
150 g Sahne
150 g saure Sahne
125 g Zucker
Mark einer halben Vanilleschote
3 Eier
2 Eigelb
100 g Aprikosenmarmelade
1 cl Orangenlikör
1 EL gehackte Walnüsse

Leicht säuerliche Aprikosen nehmen …

Aus den Zutaten einen Mürbeteig zubereiten und diesen eine halbe Stunde lang kühl stellen.

In der Zwischenzeit für den Belag die Aprikosen waschen, halbieren und entkernen.

Eine Spring- oder Tarteform (28 cm Ø) buttern und mit dem Teig auskleiden. Einen Rand formen. Den Boden mit der Gabel einstechen. Bei 180 °C 10 Minuten backen.

Die Aprikosen auf den Boden legen. Sahne, saure Sahne, Zucker, Vanille und Eier verrühren und über die Aprikosen gießen. Bei 180 °C etwa 40 Minuten fertig backen. Die Marmelade mit dem Likör erwärmen und den ausgekühlten Kuchen damit bestreichen. Mit gehackten Walnüssen bestreuen.

6 Eier
100 g Butter
100 g Zucker
1 TL Zimt
1 kg Süßkirschen
300 ml Milch
8 Brötchen
ggf. 1 EL Kirschwasser
Semmelbrösel

Ein Mannheimer Rezept

KIRSCHENPLOTZER von Tante Marion

Die Eier trennen. Das Eigelb mit der Butter, dem Zucker und dem Zimt schaumig schlagen. Die Kirschen waschen und abtropfen lassen. Die Milch leicht erwärmen. Die Brötchen mit der Milch übergießen und darin einweichen lassen. Anschließend mit der Eigelbmasse vermengen.

Das Eiweiß zu Eischnee schlagen und zusammen mit den Kirschen unterheben. Eine Kuchenform buttern, mit Semmelbröseln bestreuen, und die Masse in die Form geben. Bei 180 °C etwa eine Stunde backen.

ZWETSCHGENKUCHEN MIT STREUSELN von Erna Oma

TEIG:

400 g Mehl
175 g Butter, zimmerwarm
150 g Zucker
2 große Eier
3 TL Backpulver
2 Päckchen Vanillezucker
Schale einer halben abgeriebenen Zitrone
1 Prise Salz
5 Tropfen Butter-Vanille-Aroma
2 Tropfen Bittermandelaroma
1 EL Rum
2 Eigelb zum Bestreichen

BELAG:

1 ½ kg Zwetschgen

STREUSEL:

250 g Mehl
125 g Zucker
150 g Butter, zimmerwarm
2 Päckchen Vanillezucker
1 Prise Salz
1 TL Zimt
6 Tropfen Butter-Vanille-Aroma

Die Zutaten für den Teig in eine Schüssel geben und miteinander vermengen. So lange kneten, bis ein glatter Teig entstanden ist. Den Teig für ca. 20 Minuten in den Kühlschrank stellen.

In der Zwischenzeit die Zwetschgen waschen, halbieren und entkernen. Die Hälften der Zwetschgen noch einmal bis zur Hälfte längs einschneiden.

Die Zutaten für die Streusel in eine Schüssel geben und miteinander vermengen. Den Teig dann so lange mit den Händen bearbeiten, bis die Streusel entstehen.

Den Mürbteig aus dem Kühlschrank holen und auf einem Backpapier 1 bis 2 cm dick ausrollen. Den ausgerollten Teig mit dem Backpapier auf ein Backblech legen. Mit 2 Eigelb bestreichen und mit der Gabel einstechen. Die Zwetschgen nun auf dem Teigboden in Reihen anordnen – mit der Innenseite nach oben. Die Streusel gleichmäßig über dem Kuchen verteilen.

Den Kuchen bei 180 °C auf der zweiten Schiene von unten etwa 75 bis 85 Minuten backen.

STRUDELTEIG:
250 g Mehl
2 EL Öl
½ TL Salz
⅛ l lauwarmes Wasser

FÜLLUNG:
1 ½ kg geschälte Äpfel
etwas Zitronensaft
50 g Rosinen
100 g Zucker
50 bis 100 g geriebene Mandeln
1 TL Zimt

ZUM AUFZIEHEN:
50 g Butter

APFELSTRUDEL *von Susi Oma*

Das Mehl auf die Arbeitsfläche geben. Mit den übrigen Zutaten zu einem weichen, geschmeidigen Teig verkneten. Mit einer warmen Schüssel bedecken und eine halbe Stunde lang ruhen lassen.
In der Zwischenzeit die Äpfel schälen, in feine Scheiben schneiden, mit etwas Zitronensaft beträufeln und mit Rosinen, Zucker, Mandeln und Zimt vermengen. Auf einem bemehlten Tuch den Teig dünn und gleichmäßig mit dem Nudelholz ausrollen. Den Teig mit zerlassener Butter bestreichen und die Apfelfülle gleichmäßig darauf verteilen. Den Teig durch Anheben des Tuchs auf einer Seite lösen und locker zu einer Schnecke zusammenrollen. Hufeisenförmig auf das gefettete Backblech legen.
Mit flüssiger Butter bestreichen und bei 200 °C etwa 45 Minuten backen. Mit Puderzucker bestäuben und mit Vanillesoße servieren.

Noch warm aus dem Ofen besonders lecker …

APFEL-GITTERKUCHEN von Opa Mathias

TEIG:
300 g Mehl
200 g Butter
175 g Zucker
1 Ei
Zitronenaroma

FÜLLUNG:
1 kg säuerliche Äpfel
50 g Rosinen
1 EL Milch
1 EL Vanillepuddingpulver
½ TL Zimt
2 Eier
50 g Zucker

Für den Teig alle Zutaten gut miteinander verkneten. In einer Springform (26 cm Ø) aus zwei Dritteln des Teigs einen Boden mit Rand formen.
Für die Füllung die Äpfel schälen und entkernen. In Achteln auf den Teig legen. Die Rosinen darüberstreuen.
Milch, Puddingpulver, Zimt, Eier und Zucker verquirlen und über die Äpfel gießen. Das restliche Drittel des Teigs ausrollen und in 2 cm breite Streifen schneiden. Als Gitter darüberlegen. Bei 175 °C etwa 50 Minuten backen.

APPLE PIE *von Opa Bernd*

TEIG:
120 g Mehl
4 EL Butter
1 Prise Salz
etwas kaltes Wasser
1 Eigelb

FÜLLUNG:
5 mürbe Äpfel
etwas Zucker
etwas Zimt
gemahlene Nelken
Zitronensaft

Die Äpfel schälen und in Scheiben schneiden. In einer feuerfesten Form schichten, mit Zucker, Zimt und gemahlenen Nelken bestreuen und mit Zitronensaft beträufeln.
Aus dem Mehl, der Butter, dem Salz und dem Wasser einen lockeren Knetteig zubereiten und diesen ausrollen. Die Äpfel damit bedecken. 1 Eidotter verquirlen, den Teig damit bestreichen.
Im vorgeheizten Ofen (180 bis 200 °C) etwa 20 Minuten backen. In der Form heiß oder kalt servieren. Am besten mit geschlagener Sahne.

TARTE TATIN *von Oma Marie-Jeanne*

TEIG:
75 g Butter,
in Stückchen geschnitten
125 g Mehl
1 Prise Salz
1 EL Zucker
1 Eigelb
1 bis 2 EL Wasser

FÜLLUNG:
90 g Butter
130 bis 150 g Zucker
1 ½ kg Äpfel

Aus den Zutaten einen Mürbteig zubereiten und diesen etwa 1 Stunde lang kühl stellen.
Für die Füllung die Butter in einer feuerfesten Form (22 bis 26 cm Ø) zerlassen und den Zucker einstreuen. Die Äpfel schälen, entkernen und halbieren. Mit der Wölbung nach unten dicht nebeneinander in die Form schichten. 15 bis 20 Minuten auf der Herdplatte garen, bis der Zucker karamellisiert und leicht brodelt. Etwas auskühlen lassen. Den Backofen auf 220 °C vorheizen. Den Teig zu einer runden Platte ausrollen. Auf die Äpfel legen und die Ränder innen an die Form andrücken. Die Tarte auf mittlerer Schiene etwa 20 Minuten goldbraun backen. 5 Minuten abkühlen lassen. Dann auf eine Kuchenplatte stürzen. Achtung, es kann spritzen! Warm servieren.

TEIG:
250 g Mehl
150 g Zucker
125 g Butter
1 Ei
½ bis 1 Päckchen Backpulver

BELAG:
Äpfel, Pflaumen
oder anderes Obst

OBSTKUCHEN von Omi Anneliese

Für den Teig alle Zutaten miteinander verkneten. Eine gefettete Springform (28 cm Ø) mit dem Teig auslegen, dabei einen etwas dickeren Rand stehen lassen.
Den Teigboden mit dem Obst belegen. (Z. B. Äpfel schälen und dünne Apfelschnitze schneiden; oder Pflaumen entsteinen und halbieren, und die Hälften noch einmal einschneiden.)
Den Kuchen auf einer der unteren Schienen bei 180 °C 45 Minuten backen.

von Oma Julchen

MOHNMASSE:

100 ml Milch
50 g Zucker
20 g Butter
125 g gemahlener Mohn
25 g gehackte Mandeln

TEIG:

250 g weiche Butter
220 g Rohrzucker
1 Päckchen Vanillezucker
5 Eier
1 Prise Salz
300 g Mehl
100 g Einkorn-Vollkorn-Mehl
1 Päckchen Backpulver
250 ml Buttermilch
1 kg Birnen
2 EL Zitronensaft

GUSS:

125 g Puderzucker
3 bis 4 EL Zitronensaft

BIRNEN-MOHN-KUCHEN

Zunächst die Birnen schälen, in grobe Stücke schneiden und mit Zitronensaft beträufeln.
Für die Mohnmasse die Milch, den Zucker und die Butter aufkochen, den Mohn hinzugeben und kurz mitkochen lassen. Das Ganze vom Herd nehmen, die Mandeln unterrühren und etwa 15 Minuten quellen lassen.
Für den Teig die Butter, den Zucker, den Vanillezucker, die Eier und das Salz verquirlen. Mehl und Backpulver abwechselnd mit der Buttermilch hinzugeben. Dann die Mohnmasse und zum Schluss die Birnenstücke unterheben. Den Teig in eine Springform (28 cm Ø) füllen und bei 175 °C ca. 75 Minuten backen, nach etwa 50 Minuten mit Alufolie abdecken.
Für den Guss den Puderzucker mit dem Zitronensaft glatt rühren und auf den ausgekühlten Kuchen streichen.

WARING
RÜH
Oma's Ur-Hefe
hEFE

R
KNET
KUCHEN

4 Eier
250 g Zucker
1 Päckchen Vanillezucker
250 g Butter
400 g Mehl
1 Päckchen Backpulver
1 gestrichener TL Natron
¼ l Milch
ggf. 1 EL Rum
3 EL Kakao

MARMORKUCHEN *von Ilse Oma*

Die Eier mit dem Zucker und der Butter schaumig rühren. Mit dem Mehl, dem Backpulver, dem Natron und der Milch mischen, bis ein sämiger, schwerer Teig entsteht. Die Hälfte des Teigs abnehmen und in eine zweite Schüssel geben. Mit dem Kakaopulver und ggf. etwas Rum verrühren. In dünnen Schichten abwechselnd in eine Napfkuchenform oder zwei Kastenformen füllen. Bei 180 °C etwa 50 Minuten backen.

Zum Kindergeburtstag gehört ein Kalter Hund wie Topfschlagen und Gehtüten.

- 250 g Palmfett
- 250 g Zucker
- 1 Päckchen Vanillezucker
- 4 Eier
- 125 g Schokolade
- 1 bis 2 Packungen Butterkekse

Zum Schneiden braucht man ein scharfes Messer.

KALTER HUND *von Oma Renate*

Das Palmfett im Wasserbad zergehen lassen. Zunächst den Zucker mit den Eiern verrühren, dann die Masse in das flüssige Fett gießen. Die Schokolade in Stücke brechen und in der Mischung auflösen. Eine Kastenform etwas einfetten und mit Backpapier auskleiden. Abwechselnd eine Schicht Schokomasse, dann eine Schicht Keks hineingeben. So fortfahren und mit einer Schicht Schokomasse abschließen. Mit Keksen, Nüssen oder Smarties verzieren. Mindestens zwei Stunden kalt stellen.

100 g Butter
100 g Zucker
3 Eier
½ TL Zimt
1 Prise Salz
100 g gemahlene Haselnüsse
65 g Mehl
½ TL Backpulver
100 g grob gehackte Vollmilchschokolade
Schokoladenglasur

TIROLER NUSSKUCHEN *von Susi Oma*

Die Eier trennen. Die Butter mit dem Zucker schaumig schlagen. Das Eigelb, den Zimt und das Salz hinzugeben. Haselnüsse, Mehl und Backpulver unterheben. Das Eiweiß steif schlagen und zusammen mit der grob gehackten Schokolade unter den Teig ziehen. Eine Kastenform einfetten und mit Grieß ausstreuen, den Teig hineinfüllen. Der Teig muss recht fest sein.
Bei 200 °C etwa eine Stunde backen. Den abgekühlten Kuchen aus der Form stürzen und mit Schokoladenglasur überziehen.
Verdoppelt man das Rezept, hat man ausreichend Teig für eine Napfkuchenform.

TEIG:
300 g Mehl
2 TL Backpulver
100 g Zucker
1 Päckchen Vanillezucker
1 Ei
2 EL Milch
125 g Butter

FÜLLUNG:
200 g gemahlene Haselnüsse
100 g Zucker
4 EL Wasser
4 bis 5 Tropfen Bittermandel
1 Eiweiß
1 Eigelb und 1 EL Milch zum Bestreichen

HASELNUSSKRANZ *von Susi Oma*

Das Mehl mit dem Backpulver vermischen und auf den Tisch oder ein Backbrett sieben. In die Mitte eine Vertiefung drücken. Zucker, Vanillezucker, Ei und Milch hineingeben und mit dem Mehl vermischen. Dann die zerkleinerte Butter darunterkneten. Den Teig eine Zeit lang kalt stellen.
Die Zutaten für die Füllung vermischen, zum Schluss das geschlagene Eiweiß unterheben. Den Teig zu einem Rechteck ausrollen und die Füllung darauf verteilen. Anschließend den Teig einrollen, zu einem Kranz formen und auf das Blech legen. Mit der Eigelb-Milch-Mischung bestreichen und am Rand einschneiden. Bei 175 °C 35 bis 45 Minuten backen.

NÜSSLIKUCHEN *von Oma Julchen*

250 g gemahlene Haselnüsse
250 g Zucker
250 g Grieß
1 Ei
¼ l Milch
1 Päckchen Backpulver
Puderzucker und Zitronensaft für die Glasur

Die Zutaten zu einem glatten Teig verrühren und diesen in eine gefettete Kranzform füllen. Bei 180 °C etwa 50 Minuten backen.
Den abgekühlten Kuchen mit Zitronenglasur überziehen.

dudödeldü

jodeldi

TEIG:
40 g Hefe
200 ml Milch
100 g Zucker
500 g Mehl
2 Eier
2 EL Rum
100 g Butter (zerlassen und wieder abgekühlt)
1 Prise Salz
100 g Zitronat und Orangeat*
100 g Rosinen
100 g Mandelstifte

ZUM BESTREICHEN:
50 g Butter
Hagelzucker

OSTERBROT *von Opa Mathias*

Die Hefe mit 50 ml Milch glattrühren, 1 TL Zucker zugeben und zugedeckt gehen lassen.
In einer großen Schüssel das Mehl, den Zucker, das Salz, die restliche Milch, die Eier, den Rum, die Butter und die angesetzte Hefelösung miteinander vermischen und so lange durchkneten, bis sich der Teig von der Schüssel löst. Zugedeckt etwa 50 Minuten warm stellen, bis sich der Teig verdoppelt hat. Die Früchte und Mandelstifte einkneten. Den Teig in eine Springform (26 cm Ø) geben, zweimal diagonal einschneiden und nochmals zugedeckt 20 Minuten ruhen lassen.
Bei 170 °C etwa 45 Minuten backen. Das noch warme Osterbrot mit zerlassener Butter bestreichen und mit Hagelzucker bestreuen.

TEIG:
250 g Karotten
1 Zitrone
6 Eier
200 g Zucker
1 TL Zimt
50 g Stärkemehl
300 g gemahlene Mandeln

GLASUR UND VERZIERUNG:
Aprikosenmarmelade
Puderzucker
Zitronensaft
Marzipanrüben

RÜBLIKUCHEN *von Erna Oma*

Die Karotten schälen und fein raspeln. Die Zitronenschale abraspeln und den Saft auspressen. Die Eier trennen und das Eiweiß steif schlagen. Das Eigelb mit dem Zucker, dem Zimt und der Zitronenschale verquirlen. Das Stärkemehl, die Mandeln, die geraspelten Rüben und etwas Zitronensaft hinzugeben und alles verrühren. Zum Schluss den Eischnee unterheben.
Die Masse in eine Springform (26 cm Ø) füllen und bei 180 °C etwa 45 Minuten backen. Auf den etwas abgekühlten Kuchen eine dünne Schicht Aprikosenmarmelade streichen. Puderzucker mit etwas Zitronensaft sämig rühren und auf dem Kuchen verteilen. Mit Marzipanrüben verzieren.

* Rezept für selbstgemachtes Zitronat und Orangeat auf Seite 58

JOGHURTKUCHEN *von Erna Oma*

1 Becher Naturjoghurt
2 Becher Zucker
1 Päckchen Vanillezucker
4 Eier
1 Becher Sonnenblumenöl
3 Becher Mehl
¾ Päckchen Backpulver
Puderzucker zum Bestäuben

Alle Zutaten nacheinander verrühren, bis ein glatter Teig entstanden ist. Den Teig in eine Kastenform füllen. Bei 200 °C etwa eine Stunde backen. Den abgekühlten Kuchen aus der Form stürzen und mit Puderzucker bestäuben.

von Tante Gerlinde

ZITRONENBLECHKUCHEN

TEIG:
200 g Butter
200 g Zucker
1 Prise Salz
Abrieb einer Zitrone
4 Eier, Klasse 3–4, zimmerwarm
250 g Mehl
2 TL Backpulver

ZUM BETRÄUFELN:
Saft von 2 Zitronen und
1 Orange (etwa 75 ml)
100 g Puderzucker

ZITRONENZUCKERGUSS:
250 g Puderzucker
40 ml Zitronensaft
Schokomokkabohnen zum Garnieren

Die weiche Butter mit einem Schneebesen schaumig rühren. Zucker, Salz, abgeriebene Zitronenschale, Eier und etwas Mehl hinzugeben und glattrühren. Dann das restliche Mehl mit dem Backpulver darübersieben und das Ganze nachmals verrühren. Den Teig mit einem Tortenheber auf einem gefetteten oder mit Backpapier ausgelegten Blech verstreichen. Bei 175 °C 20 bis 30 Minuten backen.

Den heißen Kuchen zunächst mit einer Mischung aus Zitronen-Orangensaft und Puderzucker beträufeln und abkühlen lassen. Für den Zitronenzuckerguss den gesiebten Puderzucker nach und nach mit dem Zitronensaft zu einer dickflüssigen Masse glattrühren. Den Kuchen bestreichen und in kleine Quadrate schneiden.
Jede Schnitte mit einer Schokomokkabohne verzieren.

Mohnrolle
Mehl
200 g Zucker
150 g Butter
250 g Quark
Füllung
Mohn
375 g gemahlenen

HEFE-MOHN-STRUDEL *von Oma Basia*

HEFETEIG:

40 g Hefe
120 g Zucker
1 Pfund Mehl
1 Glas Milch
4 Eigelb (Eiweiß zum Bestreichen aufheben)
100 g Butter
1 Prise Salz

FÜLLUNG:

½ Pfund gemahlener Mohn
2 Eigelb
150 g Puderzucker
30 g gehackte Mandeln
30 g gehackte Walnüsse
30 g Rosinen
1 Mandelöl
Puderzucker zum Bestäuben

Für die Füllung: Am Vortag den Mohn mehrmals in Wasser spülen, mit siedendem Wasser übergießen und über Nacht an einem warmen Ort stehen lassen. Am nächsten Tag abseihen und dreimal durch den Fleischwolf drehen. Eigelb, Puderzucker, abgezogene, gehackte Mandeln, gehackte Walnüsse, Rosinen und das Mandelöl mit dem Mohn verrühren. Ist die Mohnmasse zu dick, ein wenig Honig dazutun.
Für den Teig die Hefe in einer Schüssel zerbröckeln und mit einem Esslöffel Zucker und 100 g Mehl verrühren. So viel Milch hinzugeben, bis die Masse eine sahnige Dichte hat. An einem warmen Ort mit einem Küchentuch zugedeckt gehen lassen. Das übrige Mehl in eine andere Schüssel sieben. Die 4 Eigelbe mit dem restlichen Zucker verrühren und ebenfalls in die Schüssel geben. Die vorbereitete Hefelösung hinzugeben, anschließend den Rest der Milch und das Salz. Alles gut durchkneten, sodass ein glatter Teig entsteht. Die geschmolzene, abgekühlte Butter darübergießen und nochmals kneten. Erneut an einem warmen Ort zugedeckt gehen lassen. Wenn der Umfang des Teigs sich etwa verdoppelt hat, diesen auf einem bemehlten Arbeitsbrett in zwei Hälften teilen, ausrollen und jeweils mit Eiweiß bestreichen. Die Mohnmasse gleichmäßig auf dem Teig verteilen; danach den Teig zusammenrollen und in eine gefettete Kranzform geben. Mit ein wenig Zuckerwasser bestreichen. 45 Minuten bei 160 bis 170 °C im Ofen backen. Anschließend mit Puderzucker bestreuen.

MOHNSTOLLEN *von Oma Gudrun*

TEIG:

500 g Mehl
200 g Zucker
150 g Butter
250 g Quark
1 Päckchen Backpulver
1 EL Rum
abgeriebene Schale einer Zitrone

FÜLLUNG:

375 g gemahlener Mohn
¼ l Milch
100 g Zucker
Vanillezucker oder 2 bis 3 Tropfen Bittermandel

Aus den Zutaten einen Knetteig zubereiten und diesen kühl stellen.
Für die Füllung den Mohn mit heißer Milch übergießen. Mit dem Zucker und, je nach Geschmack, mit dem Vanillezucker oder 2 bis 3 Tropfen Bittermandel verrühren. Den Teig dünn ausrollen und mit der Mohnmasse bestreichen. Anschließend den Teig einrollen und in eine Kranzform legen.
Bei 180 °C etwa 50 Minuten backen.

EIERLIKÖRKUCHEN *von Erna Oma*

5 Eier
250 g Puderzucker
2 Päckchen Vanillezucker
¼ l Öl
¼ l Eierlikör
125 g Mehl
125 g Speisestärke
1 Päckchen Backpulver
Puderzucker zum Bestäuben

Die Eier mit dem Zucker schaumig schlagen. Das Öl und den Eierlikör langsam hineinfließen lassen. Anschließend das Mehl, die Stärke und das Backpulver unterrühren. Den Teig in eine Kranzform füllen. Bei 180 °C etwa eine Stunde backen.
Den abgekühlten Kuchen aus der Form stürzen und mit Puderzucker bestäuben.

ROTWEINKUCHEN *von Erna Oma*

4 Eier
250 g Butter
250 g Zucker
250 g Mehl
1 Päckchen Backpulver
⅛ l Rotwein
150 g geriebene dunkle Schokolade
1 EL Kakao
2 TL Zimt
3 Päckchen Vanillezucker
Schokoladenglasur zum Bepinseln

Die Zutaten für den Teig nacheinander verrühren und in eine Kranzform füllen. Bei 200 °C etwa eine Stunde backen. Den abgekühlten Kuchen aus der Form stürzen und mit Schokoladenglasur bepinseln.

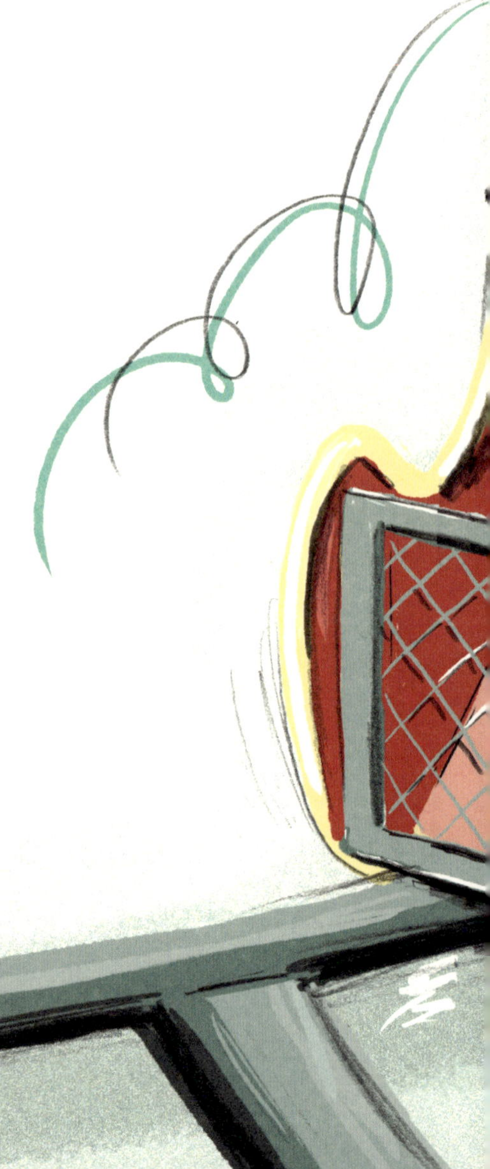

TEIG:

250 g dunkle Schokolade
200 g Butter
6 Eier
200 g Zucker
1 Päckchen Vanillezucker
100 g Mehl
1 Prise Salz

GLASUR:

50 g Schokolade
2 EL starker Kaffee
75 g Butter
oder:
Puderzucker
Minzeblättchen

REINE DE SABA *von Oma Marie-Jeanne*

Die Schokolade in einer Schale in Stücke brechen und zwei Esslöffel Wasser hinzufügen. Im Wasserbad zum Schmelzen bringen. In einer Schüssel die Butter schaumig rühren. Die Schokoladenmasse darübergießen und gut verrühren. Zuerst das Eigelb, dann den Zucker hinzugeben. Das Mehl unterrühren, bis der Teig eine glatte, gleichmäßige Konsistenz hat. Das Eiweiß mit einer Prise Salz sehr steif schlagen. Vorsichtig unterheben. Den Teig in eine rechteckige oder runde gefettete und mit Mehl bestäubte Backform (24 cm Ø) füllen. Bei 180 °C etwa 35 bis 40 Minuten backen.

Für die Glasur die Schokolade im Wasserbad schmelzen. Vom Herd nehmen und die Butter und den Kaffee teelöffelweise einrühren. Im kalten Wasserbad so lange weiterrühren, bis die Masse zähflüssig ist. Den Kuchen damit überziehen. Wahlweise kann man den Kuchen auch mit Puderzucker bestäuben und mit Minzeblättchen dekorieren.

Ein zartschmelzender Schokoladenkuchen

TEIG:
250 g Butter
200 g Zucker
1 kleine Tasse Milch
4 bis 5 Eier
400 g Mehl
100 g Speisestärke
1 Päckchen Backpulver
150 g Rosinen
150 g Korinthen
50 g Zitronat
50 g Orangeat
50 g geriebene Mandeln

GLASUR:
Puderzucker
Rum

KÖNIGSKUCHEN *von Ilse Oma*

Die Rosinen über Nacht in Rum einlegen.
Die Butter mit dem Zucker cremig rühren. Dann die Milch und die Eier hinzugeben. Die Speisestärke mit dem Backpulver zum Mehl geben und das Ganze löffelweise untermengen. Anschließend das Zitronat, das Orangeat sowie die Rosinen und Korinthen unterrühren. Eine Springform mit Kranzeinsatz oder zwei Kastenförmchen einfetten und mit geriebenen Mandeln bestreuen.
Den Kuchenteig in die Form geben und bei 175 °C etwa eine Stunde lang backen.
Den Kuchen auf einen Kuchenrost stürzen. Nach dem Abkühlen aus Puderzucker und Rum einen Guss zubereiten und den Kuchen damit glasieren.

ZITRONAT UND ORANGEAT SELBER MACHEN ...

Zutaten: 1 TL Salz, Wasser, Zitronen und Orangen. Ebenso viel Zucker wie Fruchtschalen verwenden. Die Früchte schälen, das Fruchtfleisch entfernen und die Schalen in 1 cm breite Streifen schneiden. In einen Topf geben. So viel Wasser hinzugeben, dass die Schalen bedeckt sind. Das Salz hinzufügen. Aufkochen lassen und das Wasser abgießen, um die Bitterstoffe abzubauen. Diesen Vorgang bis zu drei Mal wiederholen. Nun die Schalen wiegen und mit der entsprechenden Menge an Zucker wieder in den Topf geben. Das Ganze erneut mit Wasser auffüllen, bis die Schalen knapp bedeckt sind. Jetzt etwa eine Stunde köcheln lassen, bis ein dickflüssiger Sirup entsteht. Sind die Schalen glasig und weich, diese mit der Schaumkelle aus dem Topf nehmen und auf dem Rost abtropfen lassen (mindestens eine Nacht lang ruhen lassen, besser einige Tage). Den übrigen Sirup kann man als Gelee auf Brot essen. Zuletzt die Schalen in Rohzucker wälzen und fein würfeln. In ein Glas füllen, luftdicht verschließen und im Kühlschrank aufbewahren. Vor dem Backen in kleine Stückchen schneiden.

STREUSELKUCHEN von Erna Oma

TEIG:
1 Würfel Hefe
250 ml Milch
500 g Mehl
100 g Zucker
100 g weiche Butter
1 Prise Salz
Abrieb einer halben Zitrone
1 Ei

STREUSEL:
400 g Mehl
200 g Zucker
250 g Butter
2 Päckchen Vanillezucker

ZUM BESTREICHEN:
200 g saure Sahne

Für den Teig die Hefe zerbröckeln und in der lauwarmen Milch verrühren. Zugedeckt warm stellen und 10 Minuten gehen lassen. Das Mehl in einer großen Schüssel mit Zucker, Butter, Salz, Zitronenabrieb und Ei vermengen.
Die Hefemilch hinzufügen und das Ganze zu einem glatten Teig verkneten. Noch einmal gehen lassen, bis der Teig etwa das doppelte Volumen erreicht hat (etwa eine Stunde). Anschließend den Teig durchkneten, dann ausrollen und auf ein Backblech mit Backpapier legen. Jetzt noch einmal zugedeckt etwa eine Viertelstunde gehen lassen.
Für die Streusel alle Zutaten in eine Schüssel geben und mit den Händen zu Krümeln verkneten. Für große Streusel eher feste Butter nehmen, für feine Streusel weiche. Den Hefeteig mit der sauren Sahne bestreichen und die Streusel darüber krümeln. Bei 180 °C etwa 20 Minuten backen.

RUSSISCHER ZUPFKUCHEN

von Erna Oma

TEIG:
125 g Butter
125 g Zucker
1 Ei
250 g Mehl
30 g Kakao
2 TL Backpulver

FÜLLUNG:
3 Eier
1 Pfund Quark
125 g Butter
125 g Zucker
½ Päckchen Vanillepudding
1 Päckchen Vanillezucker
Saft einer halben Zitrone

Für den Teig alle Zutaten gut miteinander verrühren. Zwei Drittel des Teigs in eine Springform (26 cm Ø) geben, den anderen Teil mit etwas Kakao zu Streuseln verkneten.
Für die Füllung die Eier trennen und zunächst das Eiweiß steif schlagen. Dann das Eigelb und alle anderen Zutaten schaumig rühren, zuletzt den Eischnee unterziehen. Die Füllung auf dem Teigboden verteilen, anschließend die Streusel darübergeben. Bei 200 °C etwa eine Stunde backen.

Im Sommer kam oft die Uroma zu Besuch. Meine Oma war sehr stolz, als der Uroma nach sechs Wochen Hausfrauenkost sämtliche Röcke zu eng geworden waren. Dazu beigetragen hat sicher auch einer dieser beiden leckeren Kuchen …

WEIHNACHTS

GEBÄCK
Backpulver
Backin

BUTTERPLÄTZCHEN *von Erna Oma*

- 500 g Mehl
- 250 g Butter
- 2 Eier
- 250 g Zucker
- 125 g geriebene Mandeln
- 1 abgeriebene Zitronenschale
- 1 Eigelb zum Bestreichen

Aus den Zutaten einen Knetteig zubereiten und diesen eine Stunde lang kalt stellen. Den Teig dünn ausrollen und mit verschiedenen Förmchen ausstechen. Auf ein mit Backpapier ausgelegtes Blech setzen. Mit einem verquirlten Eigelb bestreichen und mit ganzen Mandeln verzieren. Bei 175 °C etwa 10 Minuten backen, bis die Plätzchen eine goldgelbe Farbe angenommen haben.

SPRITZGEBÄCK *von Ilse Oma*

- 500 g Mehl
- 250 g Butter
- 250 g Zucker
- 4 Eier
- 125 g gemahlene Haselnüsse
- 1 Päckchen Vanillezucker

Die Zutaten zu einem festen Teig verkneten und diesen eine Stunde lang kühl stellen. Den Teig durch einen mit einem Spritzgebäckvorsatz versehenen Fleischwolf drehen und von Hand in Blüten, Kringeln oder Wellen auf ein mit Backpapier ausgelegtes Backblech setzen. Bei 175 °C ca. 10 Minuten backen.

Variation: Die Haselnüsse weglassen und das Gebäck nach dem Backen halb in Kuvertüre eintunken …

KEKS *von Ilse Oma*

500 g Mehl
150 g Butter
150 g Zucker
2 Eier
1 Päckchen Backpulver
1 Päckchen Vanillezucker

Die Zutaten gut verkneten und den Teig eine Stunde lang kalt stellen. Anschließend den Teig dünn ausrollen, mit einer Keksform Kekse ausstechen und diese auf ein mit Backpapier ausgelegtes Backblech legen.
Bei 175 °C goldgelb backen.

HILDAPLÄTZCHEN *von Erna Oma*

Die Zutaten zu einem Teig verkneten und diesen dünn ausrollen. Mit einer runden Form, einem Kreis oder einer Blume, ausstechen. Bei der Hälfte der Plätzchen aus der Mitte nochmals einen kleineren Kreis ausstechen. Auf ein Backblech mit Backpapier legen und bei 175 °C etwa 10 bis 12 Minuten backen. Auf die noch warmen Plätzchen ohne Loch je einen Teelöffel Himbeermarmelade geben. Ein Plätzchen mit Loch darauflegen und leicht andrücken.
Zum Schluss alle Hildaplätzchen mit Puderzucker bestäuben.

TEIG:
400 g Mehl
200 g Zucker
100 g gemahlene Mandeln oder Walnüsse
2 Eier
250 g Butter

FÜLLUNG:
Himbeermarmelade
Puderzucker

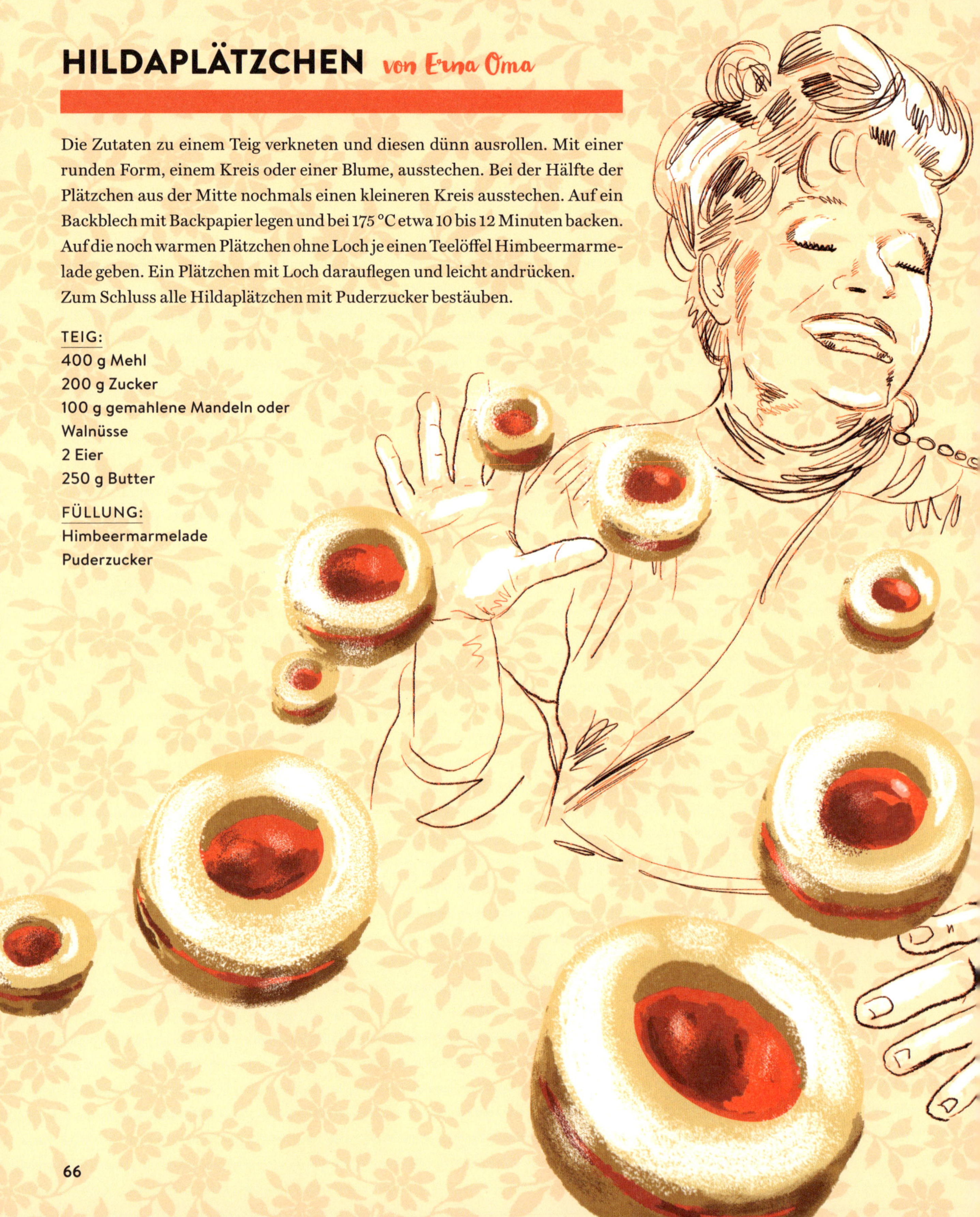

HELENESCHNITTEN *von Ilse Oma*

TEIG:
300 g Butter
180 g Zucker
3 Eier
etwas Hirschhornsalz
1 Päckchen Vanillezucker
450 g Mehl

FÜLLUNG:
250 g gemahlene Haselnüsse
200 g Zucker
etwas Kakao
etwas Milch

GUSS:
Puderzucker
etwas Zitronensaft

Aus den Zutaten einen Teig kneten und diesen eine Stunde lang ruhen lassen. Den Teig zu einem Rechteck ausrollen und anschließend in zwei Hälften teilen. Für die Füllung die Nüsse mit dem Zucker, dem Kakao und etwas Milch verrühren. Eine Hälfte des Teiges mit der Füllung bestreichen. Die zweite Hälfte darüberlegen und an den Rändern leicht festdrücken. Bei 175 °C etwa 40 Minuten backen. In längliche Rauten schneiden und mit einer Puderzuckerglasur überziehen.

Tipp:
Den Teig auf einem Backpapier oder einem bemehlten Handtuch ausrollen.

KRAFTSCHNITTEN *von Oma Anny*

TEIG:
125 g Schokolade
375 g Mehl
3 bis 4 Eier
125 g gemahlene Mandeln
125 g Sultaninen (in Rum eingelegt)
125 g Korinthen
100 g Zitronat*
125 g Zucker
½ Päckchen Backpulver
1 TL Zimt
½ TL Anispulver
¼ TL Nelkenpulver

GUSS:
200 g Puderzucker
1 bis 2 EL Zitronensaft
1 bis 2 EL Rum

Die Schokolade im Wasserbad schmelzen. Das Mehl auf der Tischplatte aufhäufen und eine Kuhle hineindrücken. Die Eier aufschlagen, in die Kuhle geben und mit dem Mehl verkneten. Nun nach und nach die geschmolzene Schokolade und die übrigen Zutaten hinzugeben und gut verkneten.
Falls der Teig zu klebrig ist, noch etwas Mehl hinzugeben. Ein Backblech mit Backpapier auslegen und den Teig darauf ausrollen, bis das Blech ganz ausgefüllt ist. Bei 180 °C 20 bis 25 Minuten backen.
Für den Guss den Puderzucker in Zitronensaft und Rum auflösen und den Teig damit bestreichen. Anschließend in Rauten schneiden (zuerst diagonal, dann orthogonal).

* Rezept für selbstgemachtes Zitronat auf Seite 58

ZITRONENSCHNITTEN *von Oma Margaret*

TEIG:
250 g Mehl
1 gestrichener TL Backpulver
75 g Zucker
1 Päckchen Vanillezucker
1 Ei
125 g Butter

FÜLLUNG:
125 g gemahlene Mandeln
150 g Zucker
Saft von 1 bis 2 Zitronen
abgeriebene Schale einer Zitrone

GUSS:
50 g Puderzucker
1 EL Zitronensaft

Das Mehl und das Backpulver vermischen und auf die Arbeitsfläche sieben. Eine Vertiefung eindrücken und Zucker, Vanillezucker und Ei hineingegeben. Mit einem Teil des Mehls zu einem dicken Brei verarbeiten und mit der in Stücke geschnittenen Butter zu einem glatten Teig verkneten. Eine Zeit lang kalt stellen. Den Teig anschließend in zwei gleich große Stücke teilen, jedes zu einer Platte von etwa 32 x 22 cm ausrollen. Eine der Teigplatten auf ein Backblech mit Backpapier legen.
Für die Füllung die gemahlenen Mandeln und den Zucker mit so viel Zitronensaft verrühren, dass eine streichfähige Masse entsteht. Zum Schluss die abgeriebene Zitronenschale unterrühren. Den Teig auf dem Backblech gleichmäßig mit Füllung bestreichen, dabei an den Rändern etwa ½ cm Teig frei lassen. Die andere Teighälfte darauflegen, an den Rändern andrücken und mit der Gabel mehrmals einstechen. Bei 180 °C etwa 25 Minuten backen.
Für den Guss den gesiebten Puderzucker mit dem Zitronensaft glattrühren. Sofort nach dem Backen das Gebäck damit bestreichen und anschließend in gleichmäßige Stücke (etwa 1 x 5 cm) schneiden.

STERNTALER von Erna Oma

TEIG:
350 g Mehl
ein halber gestrichener TL Backpulver
100 g Zucker
1 Päckchen Vanillezucker
3 Eigelb
200 g Butter

BELAG:
3 Eiweiß
150 g Zucker
50 g Mandeln
100 g Raspelschokolade
3 Tropfen Bittermandelöl
150 g enthäutete Mandeln zum Garnieren

Aus den Zutaten einen Knetteig zubereiten und diesen etwa eine Stunde lang kalt stellen. Den Teig 3 bis 4 mm dick ausrollen und Sterne ausstechen. Die Sterne auf ein mit Backpapier versehenes Blech legen.
Für den Belag das Eiweiß sehr steif schlagen, bis ein Messerschnitt sichtbar bleibt. Nach und nach die übrigen Zutaten unterheben. Die Eiweißmasse in einen Spritzbeutel füllen und auf die Sterne spritzen. Mit einer Mandel garnieren. Bei 175 bis 200 °C 8 bis 10 Minuten backen.

TEIG:

2 Eiweiß
250 g Zucker
1 Päckchen Vanillezucker
1 Prise Salz
½ Fläschchen Rumaroma
½ TL gemahlene Nelken
2 gestrichene TL Zimt
50 g Kakao
15 g Butter
250 g gemahlene Mandeln
ein halber gestrichener TL Backpulver

GUSS:

200 g Puderzucker
3 Tropfen Backöl Zitrone
2 bis 3 EL heißes Wasser

BASELER HERZEN *von Erna Oma*

Das Eiweiß mit dem Zucker schaumig schlagen, dann die Gewürze, den Kakao und die zerlassene, abgekühlte Butter hinzugeben. Zum Schluss die Mandeln und das Backpulver unterrühren. Den Teig eine Zeit lang kalt stellen. Anschließend auf einer bemehlten Tischplatte etwa 0,5 cm dick ausrollen, Herzen ausstechen und diese auf ein mit Backpapier ausgelegtes Blech legen.
Bei 175 bis 200 °C etwa 10 Minuten backen. In der Zwischenzeit aus Puderzucker, Backöl und heißem Wasser einen Guss herstellen und sofort nach dem Backen auf die Herzen streichen.

CHRISTSTOLLEN *von Erna Oma*

350 g Rosinen
2 Päckchen Hefe
2 TL Zucker
200 ml lauwarme Milch
750 g Mehl
125 g Zucker
1 Päckchen Vanillezucker
1 Prise Salz
3 EL Rum
abgeriebene Schale einer Zitrone
6 Tropfen Bittermandelöl
1 Messerspitze Kardamom
1 Messerspitze Muskat
250 g Butter
125 g Korinthen
100 g Zitronat*
100 g gemahlene Mandeln
75 g weiche Butter zum Bestreichen
50 g Puderzucker zum Bestäuben

* Rezept für selbstgemachtes Zitronat auf Seite 58

Die Rosinen einen Tag vor dem Backen in Rum einlegen.
In einer Schüssel die Hefe und 2 TL Zucker mit der Milch anrühren und 15 Minuten stehen lassen. Zwei Drittel des Mehls in eine Rührschüssel geben und eine Vertiefung in die Mitte drücken. Den Zucker, die Gewürze und die zerlassene, lauwarme Butter an den Rand des Mehls geben. Die angesetzte Hefe in die Vertiefung geben und von der Mitte aus die Hefe mit dem Mehl und den Zutaten gut verkneten. Dann das restliche Mehl hinzufügen und verkneten. Zum Schluss Rosinen, Korinthen, Zitronat und Mandeln hinzufügen.
Den Teig an einem warmen Ort gehen lassen, bis er sein Volumen etwa verdoppelt hat. Nochmals durchkneten. Mit der Handkante längs eine starke Rille eindrücken, sodass eine Seite etwa doppelt so breit ist wie die andere. Die große Seite über die kleine klappen. Aus Alufolie oder Backpapier eine etwa 5 cm breite Manschette falten und um den unteren Rand des Stollens legen. Noch einmal gehen lassen, bis die Höhe sich etwa um die Hälfte verdoppelt hat.
Bei 175 °C etwa 45 bis 55 Minuten backen. Sofort nach dem Backen mit Butter bestreichen und mit Puderzucker bestäuben.

ANISPLÄTZCHEN *von Erna Oma*

3 Eier
1 TL Anis, gemahlen
250 g Puderzucker
250 g Mehl

Drei Backbleche mit Butter einfetten und mit Mehl bestäuben. Die Eier, den Anis und den Puderzucker zu einer hellen Creme schlagen, das Mehl hinzugeben und noch weitere 10 Minuten rühren. Mit einem Teelöffel oder einer Spritztülle kleine Häufchen auf die Backbleche setzen.
Bei Raumtemperatur über Nacht antrocknen lassen. Bei 150 °C etwa 15 Minuten backen. Ergibt etwa 150 Plätzchen.

brut

MANDELBROT *von Susi Oma*

- 250 g Mehl
- 175 g Zucker
- 1 Päckchen Vanillezucker
- 1 Prise Salz
- 1 TL Backpulver
- 25 g Butter
- 2 Eier
- 2 EL Mandellikör
- 12 Tropfen Bittermandelaroma
- 200 g ganze Mandeln (ohne Haut)
- Mehl zum Formen

Aus den Zutaten einen Knetteig herstellen. Diesen in Frischhaltefolie einwickeln und 80 Minuten kalt stellen. Den Teig in fünf Portionen teilen. Auf einer bemehlten Fläche ausrollen und anschließend Rollen von etwa 4 cm Durchmesser formen. Diese auf ein Backblech mit Backpapier legen. Bei 200 °C 12 bis 15 Minuten backen und auskühlen lassen. Die Rollen schräg in etwa 1 cm dicke Scheiben schneiden.
Mit der Schnittfläche auf ein Backblech legen und bei 200 °C nochmals 8 bis 10 Minuten backen.

Onkel Achims Lieblingsplätzchen

ENGADINER PLÄTZCHEN *von Tante Gabi*

- 150 g Rosinen
- 525 g Mehl
- 260 g kalte Butter
- 225 g Zucker
- 1 ½ Päckchen Vanillezucker
- 3 Eier
- 1 Prise Salz
- 200 g gemahlene Haselnüsse

Zunächst die Rosinen waschen. Danach alle Zutaten in eine Schüssel geben und gut verkneten. Rollen von 4 cm Durchmesser formen. Diese 1 bis 2 Stunden einfrieren oder über Nacht im Kühlschrank kalt stellen. Die Rollen in ½ cm dicke Scheiben schneiden. Auf ein mit Backpapier versehenes Blech legen und bei 225 °C etwa 15 bis 20 Minuten backen.

WALNUSS-SCHNITTEN *von Erna Oma*

TEIG:

- 250 g Butter
- 200 g Zucker
- 1 Päckchen Vanillezucker
- 4 Eier
- 300 g gemahlene Walnüsse
- 250 g Mehl
- 3 gestrichene TL Backpulver

GUSS:

- 250 g Puderzucker
- 2 bis 3 TL starker Espresso
- 3 EL Weinbrand
- 1 bis 2 EL heißes Wasser
- 100 g Walnusshälften zum Verzieren

Die Zutaten für den Teig in eine Schüssel geben und gut verrühren. Den Teig auf ein gefettetes Backblech streichen und bei 200 °C 15 bis 20 Minuten backen. Die Zutaten für den Guss ebenfalls verrühren und den gebackenen Teig damit bestreichen. In ca. 3 cm große Quadrate schneiden und diese jeweils mit Walnusshälften verzieren. Ergibt etwa 120 Stück.

NUSSHÄUFCHEN *von Susi Oma*

200 g gemahlene Haselnüsse
1 Päckchen Vanillezucker
150 g Zucker
3 Eiweiß
Haselnüsse zum Verzieren

Die Nüsse mit dem Zucker vermischen. Das Eiweiß steif schlagen und unter die Nussmasse heben. Mit einem Löffel auf ein mit Backpapier ausgelegtes Backblech kleine Nusshäufchen setzen und diese mit einer Haselnuss verzieren.
Bei 180 °C etwa 15 Minuten backen.

1 Vanilleschote
70 g Zucker
100 g geschälte, gemahlene Mandeln
210 g Butter
250 g Mehl

100 g Puderzucker und
3 Päckchen Vanillezucker
zum Bestäuben

VANILLEKIPFERL *von Tante Erika*

Die Vanilleschote auskratzen und das Vanillemark mit dem Zucker vermischen. Mit allen weiteren Zutaten zu einem glatten Teig verkneten. Aus dem Teig kleine Hörnchen formen und diese auf ein mit Backpapier versehenes Backblech legen. Die Hörnchen 15 Minuten bei 170 °C backen.
Den Puderzucker mit dem Vanillezucker mischen und die Hörnchen damit bestäuben.

4 Eiweiß
300 g Puderzucker
1 EL Zitronensaft
500 g gemahlene Mandeln
2 gestrichene TL Zimt

ZIMTSTERNE *von Erna Oma*

Das Eiweiß zu einem festen Eischnee schlagen. Unter weiterem Rühren den Puderzucker und, tröpfchenweise, den Zitronensaft hinzufügen. Etwa 4 Esslöffel abnehmen und zum Bestreichen aufheben. Die gemahlenen Mandeln und den Zimt unter den Eischnee rühren, eine kleine Tasse Mandeln zurückbehalten.
Die Mandeln auf die Arbeitsfläche streuen und darauf den Teig fingerdick ausrollen. Sterne ausstechen und auf ein Backblech mit Backpapier legen. Mit dem Eizuckerschnee bestreichen und bei etwa 160 °C 15 Minuten backen.
Die Unterseite sollte noch weich sein.

Wenn der Teig zu klebrig ist, entweder mehr Mandeln nehmen oder den Teig auf einem Backpapier ausrollen.

INDEX

Anisplätzchen S. 72
Apfel-Gitterkuchen S. 37
Apfelstrudel S. 36
Apfelweintorte S. 22
Apple Pie S. 38
Aprikosen-Rahm-Kuchen S. 33
Baseler Herzen S. 71
Bienenstich S. 12
Birnen-Mohn-Kuchen S. 40
Butterplätzchen S. 64
Christstollen S. 72
Donauwellen S. 16
Eierlikörkuchen S. 54
Eierlikörtorte S. 24
Engadiner Plätzchen S. 74
Erdbeer-Biskuitboden S. 31
Erzgebirgischer Bienenstich S. 12
Frankfurter Kranz S. 22
Haselnusskranz S. 46
Hefe-Mohn-Strudel S. 53
Heidelbeer-Biskuitrolle S. 31
Heleneschnitten S. 67
Hildaplätzchen S. 66
Himmelstochter S. 14
Joghurtkuchen S. 50
Johannisbeer-Nuss-Baiser S. 29
Käsekuchen S. 20
Käsesahne S. 24
Kalter Hund S. 45
Keks S. 65
Kirschenplotzer S. 34
Königskuchen S. 58
Kraftschnitten S. 68
Linzer Torte S. 17
Mandelbrot S. 74
Marmorkuchen S. 44
Mohnstollen S. 53
Nüsslikuchen S. 47
Nusshäufchen S. 75
Obstkuchen S. 39
Osterbrot S. 49
Quarktorte S. 21
Rehrücken S. 19
Reine de Saba S. 57
Rhabarber-Baiser-Kuchen S. 29
Rotweinkuchen S. 54
Rüblikuchen S. 49
Russischer Zupfkuchen S. 61
Sachertorte S. 15
Schneewittchenkuchen S. 18
Schwarzwälder Kirsch S. 10
Spiegeleierkuchen S. 33
Spritzgebäck S. 64
Sterntaler S. 70
Streuselkuchen S. 60
Tarte Tatin S. 38
Tiroler Nusskuchen S. 46
Vanillekipferl S. 77
Walnuss-Schnitten S. 74
Zimtsterne S. 77
Zitronenblechkuchen S. 51
Zitronenschnitten S. 68
Zwetschgenkuchen mit Streuseln S. 35

Viel Spaß
beim Backen!

Tschüüüs

Sabine Kranz hat an der Kunsthochschule Kassel und an der Kunstakademie Stuttgart studiert und arbeitet als freiberufliche Illustratorin und Designerin. Ihre Bilder sind ebenso von französischen Comics inspiriert wie von den Mustern und Farben der Schürzen und Röcke ihrer Großmutter. Besonders liebt sie die Malerei, das Design und die Filme der fünfziger und sechziger Jahre. Dieser Einfluss spiegelt sich in ihren Illustrationen wider, einer Mixtur aus klaren Linien, romantischen Retro-Farben und liebevoll gestalteten Figuren, die Lebensfreude verströmen. Ihre Arbeiten entstehen für Bücher und Zeitschriften sowie für Ausstellungen und freie Projekte. Sabine Kranz lebt mit ihrer Familie in Frankfurt am Main.

Danke, danke, danke

an Suse, Niklas und Nele

Ich danke allen, die mich mit Rezepten und Kostproben oder Rat und Tat unterstützt haben. Besonderen Dank an Johannes für die grafische Beratung und sowieso für alles ...